AF495019

Robert NORMAND
Colonel du Génie breveté

FORTIFICATION
DE CAMPAGNE

Deux Faits de Guerre

CHARLES-LAVAUZELLE & Cie
Éditeurs militaires
PARIS, Boulevard Saint-Germain, 124
LIMOGES, 62, Avenue Baudin | 53, Rue Stanislas, NANCY

1924

ÉTUDE SUR LA FORTIFICATION DE CAMPAGNE

Organisation du terrain au contact et loin de l'ennemi.

DEUX FAITS VÉCUS DE LA GUERRE 1914-1918.

La fortification de campagne — c'est là un des plus indiscutables enseignements de la guerre — fait partie intégrante de la tactique normale et permanente de l'infanterie, dans l'offensive comme dans la défensive.

Elle est même le lot de toutes les troupes appelées à se protéger contre les balles, les obus et les bombes d'avions, c'est-à-dire des combattants. Elle doit donc être, dès le temps de paix, pratiquée par tous les combattants. Peut-être cette vérité n'a-t-elle pas suffisamment encore pénétré nos réflexes.

Il faut pourtant rompre une bonne fois avec cette conception surannée que les travaux sont l'apanage du génie.

Le génie est avant tout l'arme des communications (routes, ponts, destructions, mines, etc...) et des transmissions, et non pas spécialement l'arme de la fortification : il n'y doit faire que les parties plus techniques (béton, pétardement, assèchement, etc...).

Un travail n'est d'ailleurs jamais plus apprécié que par ceux qui l'ont fait, ni un ouvrage mieux défendu que par ceux qui l'ont construit.

Le rôle des chefs est de protéger leurs hommes par l'effort et non contre l'effort.

× ×

Remède précieux contre les obus, souverain contre

les balles, la fortification de campagne constitue le seul véritable bouclier portatif du combattant. La guerre ne sera point en dentelles, elle sera dans la boue, parce que, seuls, la tranchée et l'abri procurent le moyen matériel de diminuer les pertes, l'énergie morale de tenir sur place, la faculté matérielle et morale de repartir en avant, après s'y être préparé. Et l'homme, au premier danger, se confondra bien vite à nouveau avec le limon dont il est pétri. Il faudrait donc que *toute manœuvre d'infanterie soit accompagnée d'une organisation défensive, au début ou à la fin de l'exercice.* Il faudrait, aussi, que la construction d'abris fît partie de l'instruction du temps de paix de toutes les troupes, artillerie, brancardiers, aussi bien que chars, train et infanterie. C'est une mentalité à réformer, une ambiance à créer : nous en sommes loin. Le monde, il est vrai, serait trop beau s'il profitait de l'expérience des anciens, dressés par les épreuves. Aussi, de même qu'on voit dans certain ordre un religieux répéter sans cesse, comme une litanie, à ses condisciples : « Frère, il faut mourir », ne nous lassons pas de répéter constamment à nos jeunes camarades : « Frère, il faut t'enterrer. »

C'est dans cet espoir que nous conterons ici deux faits de guerre vécus, pour en tirer quelques enseignements concernant l'organisation défensive au contact ou loin de l'ennemi.

a) Fortification du champ de bataille au contact de l'ennemi.

Le 4 mars 1916, le 109e régiment d'infanterie recevait, aux casernes Bévaux, de Verdun, l'ordre suivant (extrait) :

I. — La 26e brigade relèvera ce soir les éléments en première ligne et en soutien de la 153e division, qui se trouvent dans le secteur compris entre la corne est du fort de *Douaumont* et l'extrémité ouest de *Vaux-devant-Damloup*.

Dans la nuit du 5 au 6, relève des éléments en réserve dans le même sous-secteur.

II. — Les régiments seront accolés : 109e, à gauche; 21e, à droite. Une limite précise ne peut être définie pour ce soir. Le 109e relèvera, avec six compagnies et ses deux compagnies de mitrailleuses, les éléments du régiment de tirailleurs et les S. M. du 412e qui sont en première ligne. Le 21e relèvera, avec six compagnies et ses deux C. M., le 4e B. C. P. en première ligne avec deux compagnies, le 2e B. C. P. en soutien.

III. — Les commandants des unités de première ligne veilleront tout particulièrement à la liaison intime entre eux, entre 21e et 109e, entre eux et les éléments à leur gauche et à leur droite. Cette recommandation est essentielle étant donné la tactique de l'adversaire, qui tente de pénétrer par infiltration, par toutes les brèches, même les plus petites.

Organiser également très sérieusement la ligne de feu des mitrailleuses.

Etudier les travaux à faire pour renforcer la ligne de défense, les communications couvertes avec l'arrière, l'abri pour les hommes, de façon à pouvoir entreprendre les travaux dans le plus bref délai.

IV. — Les outils, du matériel divers, des artifices et munitions, sont entreposés au fort de *Souville*... Jusqu'à nouvel ordre, les transports seront assurés par des éléments en réserve. Veiller à ce que les troupes relevées laissent sur place les outils et les cartouches disponibles.

Le Colonel commandant la 26e brigade,
Signé : SCHMIDT.

Le 109e R. I., après avoir connu de rudes journées d'attaque en Artois, venait de jouir d'un mois de repos au camp de Saint-Riquier (près d'Abbeville), pour la première fois depuis le 2 août 1914. Embarqué le 25 février, après une bonne étape par la neige succédant à des vaccinations antiparatyphoïdiques, il arrivait le 27 à Revigny, le 4 mars, à 4 heures du matin, à Verdun, dispos, malgré une rude nuit de transport en camions l'hiver, succédant au voyage en wagons.

Six compagnies d'infanterie (à 180 fusils par compagnie) et les deux C. M., plus les pionniers du régiment, se mettaient donc allègrement en route le

4 mars, à 17 h. 45; depuis les casernes, elles avaient 11 à 12 kilomètres à faire pour arriver en ligne. La relève devait être terminée à 23 heures : elle ne fut achevée pourtant que le lendemain à 9 heures. Pendant ces quinze heures, le régiment n'avait connu d'autre repos que la première halte horaire, et il arrivait épuisé. Que s'était-il donc passé?

Ce n'était pas le canon ennemi, mais tout simplement l'encombrement de la route qui était cause de cet invraisemblable retard et, en outre, de cette inutile fatigue. Les officiers supérieurs étaient partis le 4, à 5 heures du matin, pour reconnaître leurs secteurs. Ils s'étaient perdus, avaient erré toute la journée sans réussir à découvrir leurs futurs P. C., quoique le bombardement eût été plutôt faible. Le régiment avait bien reçu à Bévaux deux guides, envoyés par les troupes en secteur, et s'était engagé sur la grande route de Verdun à Douaumont, par la ferme Bellevue. Après la première pause, les obus causaient, sur cette voie enfilée par l'artillerie ennemie, les premières pertes. A partir de Bellevue, la route, de plus en plus encombrée par les convois de tout ordre prétendant marcher dans les deux sens, par les voitures de munitions d'artillerie allant ou revenant, les cuisines roulantes ravitaillant sur la chaussée, finit par s'embouteiller; impossible d'en sortir entre Bellevue et Souville, les bois qui la bordaient étant transformés en abatis par les obus allemands; la marche lente se mua bientôt en un arrêt interminable, sac au dos, coupé d'avances de quelques mètres. Après de multiples efforts, le régiment chercha à filtrer en colonne par un, les hommes se donnant la main, pour éviter d'être encore coupés; la colonne fut néanmoins tronçonnée en éléments informes, et, finalement, vers 22 heures, les commandants des 1er et 2e bataillons se décidaient à avancer seuls avec leur liaison et les deux guides. Ils atteignaient, vers 23 heures, leur secteur, tenu seulement par quelques tirailleurs survécus aux dures épreuves des jours précédents; ces unités squelettiques disparaissaient séance tenante en s'écriant : « Tiens, voilà la relève. » On put, avec peine, retenir deux sergents pour la transmission des consignes. Le reste de la colonne du 109e, privée de guides, ne se reconnut qu'au petit jour, franchit sans encombre, dans le calme du matin, le bois de Vaux-Chapitre, transformé par le tir ennemi en un immense abatis, et réussit, seulement à 9 heures, à être entièrement en position. L'ennemi ne s'était heureusement pas douté de la faiblesse de la « croute » qu'il avait eue devant lui pendant une nuit entière, deux chefs de bataillon et leur liaison pour tenir 800 mètres de front; et pour cette fois, il n'avait pas « tenté de pénétrer par infiltration dans toutes les brèches, même les plus petites », comme l'avait prédit le commandant de brigade.

Un compte rendu virulent, concernant l'encombrement de la route, amena en quelques jours un changement complet, et la suppression de ces embouteillages : le général Pétain mit de l'ordre dans les convois, fixant des horaires et des itinéraires distincts à chacun, et sut épargner pareil épuisement aux troupes suivantes.

En prenant possession de son secteur, le 109e ne trouvait ni tranchées ni boyaux. L'éternelle observation : « On n'a rien fait avant nous » se répétait une fois de plus, avec plus d'apparence de raison que de coutume. Elle atteignit même le grand public et la presse, qui s'en émurent. C'est que nous arrivions loin en arrière des positions organisées et on se cramponnait au précieux terrain national sans s'inquiéter de sa préparation.

Le 1er bataillon du 109e s'installait donc entre les forts de Douaumont et Vaux, le premier aux Allemands, le second aux Français, sur deux lignes, l'une sur la pente nord du bois de la Caillette (deux compagnies et demie), l'autre vers la lisière sud de ce bois (une demi-compagnie) (1), dans une batterie de 90 siège et place abandonnée, prise entièrement de revers par le fort de Douaumont et où étaient venus se réfugier pour mourir de nombreux tirailleurs. A part ces cadavres, les tirailleurs n'avaient laissé derrière eux que des « trous de tirailleurs ». Une compagnie seulement occupait, sur une cinquantaine de mètres, une tranchée faite en 1914, pour prolonger au sud-est l'action du fort de Douaumont; enfilée par ce fort, tenu maintenant par l'ennemi, cette tranchée descendait sur la pente raide vers une batterie de 155 L. abandonnée; ses vues ne dépassaient pas 4 mètres en certains points; le reste de cette tranchée était occupé par les Allemands, séparés de nous par deux barrages en sacs à terre à 7 mètres l'un de l'autre, l'un tenu par l'ennemi, l'autre par nous. On se voyait, on s'entendait, on se causait... Dans l'espace intermédiaire, s'apercevaient plusieurs cadavres, dont trois tirailleurs, encore appuyés droit contre le parapet, le fusil en mains, morts debout, baïonnette au canon.

La liaison s'opérait, à gauche, avec le 2e bataillon du 109e, sur le chemin de terre nord-sud coupant le bois de la Caillette, et, à droite, avec le 21e R. I., dans le ravin de la Fausse-Côte (près de R du retranchement, croix sur le croquis).

Il fallait, avant tout, creuser la terre pour s'abriter. Pas de matériel du génie, mais des outils. Tout

(1) La 4e compagnie avait été mise à la disposition du 2e bataillon.

l'effort des hommes avait dû être réservé pour porter des vivres, des réserves de munitions et des grenades; il avait d'ailleurs épuisé leurs forces, malgré le mois de repos préalable.

On venait de distribuer les premiers exemplaires du *Manuel du chef de section d'infanterie*, excellent memento devenu indispensable avec la variété des règlements nouveaux et l'impossibilité d'ailleurs de se les procurer.

« *La guerre actuelle a mis l'outil sur le même rang que le fusil*, y lisait-on (page 220).

» *Aujourd'hui, le soldat est à la fois un combattant et un travailleur; on ne conçoit plus l'un sans l'autre. Il se sert de son fusil quelquefois, de son outil tous les jours. Pour les officiers et gradés, entraîner leurs hommes au feu est relativement facile. Obtenir qu'une troupe fatiguée et diminuée par le combat se mette sans répit au travail est autrement malaisé. C'est cependant un devoir aussi impérieux que le premier; le moindre retour offensif peut faire changer le succès de camp, si à l'énergie de conquérir n'a pas succédé immédiatement l'énergie de piocher pour conserver.* »

La moitié des pionniers du régiment était affectée à chacun des 1er et 2e bataillons.

Le travail fut donc entrepris aussitôt, parfois interrompu pour calmer l'artillerie ennemie qui tirait facilement sur les pelletées de terre, et, le soir même, la tranchée était arrivée à profondeur d'homme. Son tracé était celui du front occupé à 9 heures du matin, dans le brouillard; il n'avait donc aucune prétention à être judicieux; le principal était qu'il existât. Cela consistait en *deux tranchées* non reliées, en échelon l'une par rapport à l'autre; entre les deux, le vide, accessible à l'ennemi, car, seuls, ses propres fils de fer pouvaient l'en empêcher, et nous n'en apercevions d'ailleurs que le haut à cause du bombement du sol.

Quant au profil, il s'inquiétait peu d'être réglementaire; aucun sous-officier n'était passé avec une canne graduée en mètres, et on n'utilisait même pas l'outil pour mesurer : la hauteur de l'homme à protéger et la nécessité de passer derrière les sentinelles suffisaient comme dimensions-types.

Mais le vide entre les deux tranchées échelonnées, résultat d'une erreur dans le brouillard, inquiétait tout le monde, d'autant plus que le fort de Douaumont le découvrait et dominait entièrement, et écrasait avec de gros lance-bombes tout le secteur. Au contact, le fantassin recherche toujours la continuité, qu'il croit seule capable de le garantir contre les surprises, qui permet aussi les liaisons et rassure sur l'appui mutuel. Elle s'imposait encore plus dans la circonstance, sans obstacles en avant et avec un champ de tir bien inférieur aux 100 mètres signalés comme convenables par le règlement (page 241).

Quant aux flanquements, ils furent tant bien que mal obtenus par de petites rectifications du tracé, « car la recherche de bons flanquements doit dominer tout tracé de fortification ».

Les mitrailleuses, à cette époque, encore placées dans les tranchées, furent donc déplacées pour assurer de grandes directions de tir en flanquement; la croupe arrondie sur la pente de laquelle on se découvrait au jour ne permettait d'ailleurs pas de voir à plus de 10 mètres devant soi : seul le tir selon l'horizontale du terrain offrait, selon la coutume, le meilleur champ de tir et donnait ici de très bonnes lignes de feu; on avait, en outre, de grandes directions d'enfilade vers le sud-est, dans la direction générale de

Vaux, qu'on apercevait à 2 kilomètres. Ces mitrailleuses furent avantageusement placées dans les rentrants, moins exposés que les saillants. Enfin, on voyait bien les pentes opposées du ravin, complètement déboisées à la mobilisation pour le tir de flanquement d'intervalle des forts de Douaumont et de Vaux.

La demi-compagnie en soutien était retirée le lendemain de son déplorable abri (batterie de 90) et placée contre le talus sud du bois de la Caillette dont elle entreprenait l'organisation en y creusant d'abord, à l'intérieur même du talus, en vue d'obtenir un parados, des niches pour deux tireurs (voir croquis ci-contre). Les emplacements choisis se flanquaient efficacement, mais le bois formait angle mort à quelques mètres en avant, inconvénient compensé, d'ailleurs, par le fait que tous ces arbres, abattus par le tir et enchevêtrés les uns dans les autres, constituaient un abatis presque infranchissable.

Le travail fut d'autant plus rapidement exécuté que cette unité quittait des abris pour s'installer en plein air. Un exercice d'alerte fixait aussitôt la place de chacun en cas d'attaque.

Le 3e bataillon du 109e s'installait, le 5 au soir, sur le talus très raide de la voie métrique Vaux-Fleury et y creusait de pauvres petites niches comme abris, où beaucoup d'hommes trouvèrent la mort par ensevelissement sous les obus de 15 et 21 allemands.

La *profondeur* totale réalisée atteignait donc 800 mètres, car il n'y avait rien en arrière. Mais celle des organisations défensives de feux proprement dits ne dépassait pas 500 mètres.

Aucun *fil de fer* nulle part, sauf du côté allemand. Comme nous ne songions guère à l'offensive, l'ennemi en avait donc posé pour nous; mais nous ne les voyions pour ainsi dire pas.

Pas davantage de *boyaux*.

Niche pour deux tireurs en talus.

ECHELLE: 1/100

PLAN

B

A

COUPE AB

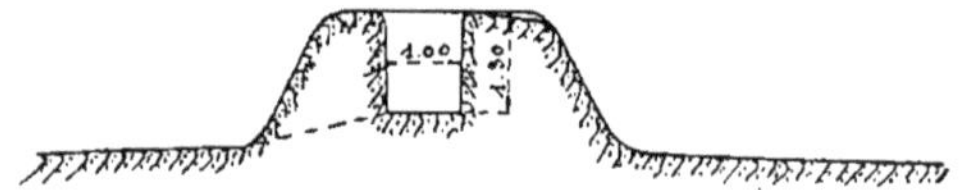

Le bois de la *Caillette* constituait un certain couvert et la prairie ouest était en contrepente, à peu près masquée du fort de Douaumont, tout voisin, par les arbres restés debout. Les mouvements ne s'exécutèrent d'ailleurs que de nuit, sauf pour quelques agents de liaison, bons coureurs, le ravin de la *Caillette* étant un nid à obus où les cadavres s'accumulaient.

En fait *d'abris* ou de P. C. de compagnie et de section, uniquement des niches dans la terre, sous talus ou parapet, sans coffrage, faute de matériel. On ne connaissait pas encore ces petites tôles légères ovoïdes (de 10 à 11 kilogrammes) s'emboîtant l'une dans l'autre pour revêtir les terres et qui constituent encore à l'heure actuelle le seul abri s'improvisant séance tenante, particulièrement applicable à l'offensive; elles n'apparurent que l'année suivante, et furent d'ailleurs assez mal employées jusqu'à la fin de la guerre (en blindage au lieu de coffrage).

Un abri de combat en béton du temps de paix (abri pour une compagnie) servait simultanément de P. C. au colonel du 21e R. I. et aux commandants des 1er bataillons du 21e et du 109e. Il présentait un relief exagéré d'ailleurs, et aurait pu sans inconvénient être abaissé de 2 mètres.

Quant au colonel du 109e R. I., il s'installait dans un abri en tôle cintrée (tôle métro) recouvert de 1m,50 de terre, très insuffisamment à l'épreuve, dans le ravin de la *Caillette;* le commandant de la 26e brigade se trouvait près de la batterie de *l'Hôpital.*

Aucun de ces P. C. n'était en relation téléphonique avec l'échelon subordonné, ni supérieur : toutes les liaisons du secteur se faisaient par coureurs.

Tous ces points furent fort marmités, et l'abri de de combat reçut même du 210 et du 380, qui, selon la coutume, ne firent que des égratignures au béton.

Le 6 mars, fut exécuté, à midi, un tir de barrage de contrôle par nos batteries de 75 : il porta sur une crête éloignée de 200 mètres au moins, le ravin en angle mort qui précédait le 1er bataillon ne pouvait être atteint par le tir tendu de nos 75 : il eût fallu de l'artillerie de tranchée, Ce réglage ne rapporta comme résultat pratique qu'une terrible riposte du 105 allemand (qui découvrait admirablement nos pentes), nous valant 7 tués, 9 blessés. Le secteur était évidemment particulièrement malsain, enfilé, avec grand angle mort devant lui, et non soutenu par notre canon.

Le 3e bataillon devait relever le 1er au bout de quarante-huit heures, c'est-à-dire le 6 au soir. Mais, il suffit de faire appel au dévouement des fantassins pour obtenir d'eux une prolongation volontaire de leur séjour en première ligne, en vue de laisser derrière eux un système de tranchées et boyaux à peu près complet, au lieu du néant trouvé à l'arrivée. C'est que le troupier sait aussi que les pertes ne sont pas plus fortes en première ligne qu'en soutien (1), qu'il n'aime pas quitter les travaux qu'il a faits avec peine, qu'il défendrait avec cœur, et dans lesquels il place tout son espoir et sa confiance; et c'est ainsi que la tranchée grave l'idée du devoir sur le terrain.

La relève n'eut donc lieu que dans la nuit du 7 au 8 mars. Le 8, vers 11 h. 30, les Allemands, après une très violente préparation d'artillerie de quatorze heures (2), accompagnée de tir d'interdiction sur les ravins et bois en arrière, attaquaient, avec des lance-flammes, du fort de Douaumont au fort de Vaux. Cette attaque n'était pas une surprise pour nous, car plusieurs prisonniers allemands faits par nos patrouilles nous en avaient prévenus. Mais c'était la première fois qu'on *voyait* des lance-flammes en action (3), jusque-là, semble-t-il, réservés au front russe; on n'y croyait qu'à

---

(1) Environ 20 tués, 30 blessés, dont 2 officiers, au 3e bataillon le 7 mars (plus qu'en première ligne).

(2) A l'estime, on apprécia que le rectangle de 500 mètres de profondeur et 400 mètres de front tenu par le bataillon reçut : 40.000 obus variés le 7 mars, 60.000 le 8 et autant le 9, après l'échec allemand.

Il y avait un quintuple barrage en arrière de 77, 105, 15 et 21 percutant ou fusant sur les pentes, le ravin de la voie ferrée et le bois de *Vaux-Chapitre*.

(3) La 20e brigade en avait pris un en avril 1915, devant Notre-Dame-de-Lorette, mais elle n'y avait pas été soumise.

moitié, et, en tout cas, on ne s'était pas préparé à l'idée d'y riposter avec des grenades, ce qui eût été efficace et simple, quoiqu'il y eût pénurie de grenades. Aussi, les hommes furent-ils, les uns réellement brûlés, les autres démoralisés par l'épais nuage noir ondulant sur plusieurs centaines de mètres; le 3e bataillon y fut presque anéanti, réduit à 35 hommes (effectif de 760 à la montée en ligne), son chef de bataillon, le commandant d'Hauteville, venu de la cavalerie, tué en sortant de la tranchée pour entraîner une contre-attaque. Le 109e perdait la première tranchée du bois de la *Caillette*, qu'on avait eu tant de mal à faire, mais conservait la deuxième, aussitôt réoccupée par le 1er bataillon du 109e. Aucun soutien par le canon n'était possible sur les pentes arrondies et raides, en angle mort pour nous, sauf du fort de Vaux; pas un fusil, pas une mitrailleuse ne pouvait battre ces fonds, admirable place d'armes pour l'ennemi qui s'y était massé librement, sans pertes; il découvrait, en outre, complètement ce terrain, d'où faculté pour lui d'y suivre et appuyer ses vagues d'assaut. La seule position de flanquement convenable était au fort de Vaux : le commandant du 1er bataillon l'avait signalée en y demandant une ou deux pièces de 75 pour l'appuyer et enfiler cet angle mort situé devant son bataillon. Elles existaient bien en temps de paix, c'étaient celles de la casemate de Bourges du fort de Vaux; mais elles avaient été enlevées en fin 1915; et la violence du tir ennemi sur l'entrée du fort de Vaux interdisait maintenant de la réarmer : le bois de la *Caillette* devenait intenable avec des fusils ne protégeant pas à 20 mètres. Nos 75 et 155 s'efforçaient bien de soutenir nos pauvres fantassins, mais ils les atteignaient en croyant les protéger, faute de liaisons et de vues; et si les fusées vertes, demandant l'allongement du tir, parvenaient à modifier la hausse des 75, elles étaient inefficaces pour les 155 qui n'avaient, en effet, aucune attention à y prêter, recevant leurs ordres d'ailleurs.

Les pertes ainsi causées furent très sensibles au 109ᵉ et au 21ᵉ et un certain désordre en résulta.

L'ennemi lança de grosses patrouilles en avant de la tranchée qu'il avait conquise; il n'avait qu'à foncer, car c'était le vide devant lui. Derrière, jusqu'à Verdun, il n'y avait qu'un groupe de 155 Rimailho dans le nord du bois de *Vaux-Chapitre*, qui disposait d'un abri, mais ne s'était pas organisé défensivement pour la lutte rapprochée (ni fils de fer, ni tranchées), et deux faibles compagnies du génie du 21ᵉ C. A. dans le creux de *Fleury*, travaillant là comme au polygone, sous le ronflement des 380, à faire une ligne intermédiaire, à côté de batteries de 75 abandonnées. Rarement se vérifia mieux l'aphorisme : « Il n'est aucun fait de guerre dont on ne puisse dire après : « Ah! si » l'on avait su! »

Les Allemands, qui avaient concentré pour cette attaque sept bataillons frais des IIIᵉ et VIIᵉ corps de réserve, corps d'élite, s'arrêtèrent devant quelques coups de fusil de trois ou quatre fantassins français, et surtout le feu d'une mitrailleuse, servie par un officier du 109ᵉ, le capitaine Laurent, qui, installé sur le toit de l'abri de combat, les atteignait d'écharpe : pris à revers par une section du 2ᵉ bataillon, qui tournée fit demi-tour et les attaqua hardiment dans le dos, inquiets dans cette poche formée entre le 21ᵉ R. I., qui n'avait pas cédé à droite, et le glacis sud du fort de *Douaumont*, tenu par le 2ᵉ bataillon du 109ᵉ, ils rentrèrent alors dans leur unique tranchée conquise, au nord du bois de la *Caillette*, faible résultat pour un pareil effort et un semblable gaspillage de munitions. Il avait, toutefois, fallu faire front avec les poitrines des fantassins et, nos pertes étaient sûrement supérieures à celles de l'ennemi, faute de barrage d'artillerie, impossible à ajuster.

Telle est l'organisation sommaire exécutée par les occupants, en deux jours et deux nuits, au contact de l'ennemi et sous un bombardement impressionnant; elle a sensiblement tenu sous l'attaque de sept bataillons, même sans appui d'artillerie. C'est que ceux qui ont creusé une tranchée sont les plus aptes à la défendre, et la rentrée en ligne du 1er bataillon, quelques heures après avoir été relevé, doublait la valeur de la défense, malgré la fatigue des hommes. De plus, l'ancienne tranchée-soutien, devenue nouvelle première ligne, ne présentait pas les angles morts de la tranchée perdue, était autrement facile à défendre, non enfilée, appuyée par notre canon, et précédée des abatis de la *Caillette*. Ne se trouvant pas au contact, elle avait pu être étudiée.

Il n'était pas question de centres de résistance — avec ou sans intervalles — ni de points d'appui, comme tant d'entre nous trouvent le temps d'en faire dans leurs bureaux. C'était la situation de fin de combat, un vulgaire coude à coude réalisé dans le brouillard, et nécessité par l'absence de fortification préalable soigneusement réfléchie de manière à tirer du terrain tout le parti possible. A peine avait-on pu choisir quelques flanquements par mitrailleuses ou par fusils. Mais on disposait d'une certaine profondeur, 500 mètres au plus, organisés. Cela suffisait pour que la première ligne se crût étoffée, soutenue, et conservât par suite le moral indispensable pour tenir. Toutefois, la lacune d'une cinquantaine de mètres, où la tranchée n'était qu'à 0m,60 de profondeur, était une cause d'angoisse pour tous.

Les troupes, surtout, étaient accoutumées au feu,

avaient fait notamment les attaques d'Artois, en mai et octobre 1915, et n'étaient pas surprises par l'extraordinaire préparation d'artillerie à laquelle elles se trouvaient soumises, ou par la supériorité incontestée de l'aviation ennemie. Et, dans cette place forte de Verdun, elles avaient, somme toute, fait de la guerre de campagne, au pied d'un fort.

— Et maintenant que, loin du bruit du canon, et les pieds au chaud, nous ne sommes plus sous la neige, protégés des obus par une toile de tente, voyons comment l'on aurait pu faire mieux.

Pour éviter une surprise, il faut :

Des avant-postes;

Une zone de résistance;

Des armes automatiques en profondeur.

En conséquence, deux lignes au moins seront faites simultanément, avec un boyau permettant d'y accéder depuis le dernier couvert : ici, le bois de la Caillette.

Dominé, comme il l'est, du fort de Douaumont (cote 388), ce terrain ne peut admettre que des lignes continues hors du bois de la *Caillette*. En conséquence, il faut, du premier coup :

500 mètres de parallèle de surveillance (au contact);

300 mètres de parallèle de résistance (lisière nord-est du bois de la *Caillette*);

200 mètres de boyaux.

Soit, 1.000 mètres la première nuit. Les trois compagnies du bataillon et les pionniers y sont affectés, à raison de deux mètres par homme, avec des outils de parc; travail préparé par un jalonnemment à la tresse blanche, fait à la tombée de la nuit. Au petit jour, tranchées et boyaux ont un mètre de profondeur avec un mètre de largeur; c'est faible, mais on peut y circuler en se baissant; les groupes de combat se greffent sur cette organisation : situation de fin de combat.

La nuit suivante : on approfondit à 1^{m},30, après les rectifications du tracé reconnues nécessaires à la suite des observations faites de jour (la fortification ne doit pas représenter intégralement la situation de fin de combat) et l'on place en première ligne les réseaux démontables (Brun ou autres) qui ont pu être apportés. Deux compagnies seulement sont affectées à ce travail, la 3e s'installant en profondeur, à la lisière sud-ouest du bois de la *Caillette*, où elle a déjà pu commencer sa parallèle de soutien dès le premier jour (terrain non vu du fort de Douaumont), à 500 mètres de la parallèle de surveillance.

Les fils de fer seront progressivement transformés en une véritable toile d'araignée.

Les mitrailleuses sont à la lisière ou à l'intérieur du bois de la *Caillette*.

Les emplacements des groupes de combat sont alors rectifiés et définitivement organisés, les engins d'accompagnement installés, les mortiers Stokes dans le bois de la *Caillette* avec le plus d'obus possible, pour battre les angles morts que ne peut atteindre notre artillerie; avec ses V.-B. et ses mortiers, l'infanterie est armée pour faire un bon barrage, de courte durée toutefois.

Les jours suivants, le ravitaillement en matériel du génie permet de faire quelques abris légers individuels revêtus en tôles ovoïdes, et les pionniers commencent les abris en demi-galerie, descendant rapidement à 45° sous le sol.

Le génie divisionnaire entreprend des abris d'infanterie et de mitrailleuses sur la ligne de soutien, et des abris pour réserves sur le talus de la voie ferrée.

On a ainsi immédiatement de la profondeur et le front risque moins d'être enfoncé d'un seul coup.

II.

b) Fortification de campagne loin de l'ennemi.

Les 16 et 17 décembre 1917, la 129e division fait mouvement de la région de *Péronne*, où elle a été transportée pour soutenir l'attaque anglaise de *Cambrai*, et relève, dans la région de *Vaux-Beauvois*, la 154e division occupée à la construction d'une deuxième position, sous les ordres du 3e corps d'armée, à *Ham*.

Le travail doit commencer le 18, les renseignements indiquant, en effet, l'imminence d'une attaque puissante par l'armée allemande, libérée du front russe. Il faut nous attendre à être, comme à *Riga*, submergés par de nombreuses divisions, après une préparation d'artillerie courte et massive, accompagnée d'une débauche d'obus toxiques sur nos batteries. Il faut supprimer l'effet de la surprise en reculant la défense derrière des avant-postes, pour obtenir le temps de faire intervenir nos réserves. Il faut un équipement en profondeur complet. Les divisions au repos y coopèrent avec les territoriaux, 60.000 ouvriers italiens, etc... Les exigences de ces organisations passent provisoirement avant les nécessités de l'instruction. Cependant, la division exécute en même temps les reconnaissances nécessaires à son intervention immédiate en cas d'attaque ennemie.

La 154e division avait amorcé dans cette zone quelques tranchées et réseaux, mais aucun abri. Or, les abris sont l'ossature d'une position et y constituent, en même temps, les chantiers les plus longs.

La 129e division dispose pour ces travaux :

1° De tous ses moyens divisionnaires : infanterie, artillerie, outillage, etc... ;

2° D'une compagnie du génie de corps du 3e C. A. cantonnée à *Etreillers*, depuis août 1917, et très au courant du secteur. C'est elle qui, détenant les plans, perpétuera la tradition à travers les relèves;

3° D'un arrivage échelonné de matériel à la gare de...

Il est d'abord posé en principe que chaque troupe exécutera les travaux relevant de sa spécialité :

L'*artillerie* : ses batteries, abris, observatoires;

L'*infanterie* : les tranchées, réseaux et une partie des abris;

Les *mitrailleurs* : les abris de mitrailleuses;

Le *génie*, assurant la possibilité du travail : par le piquetage (tâche considérable, comme nous le verrons); par la fourniture du matériel, et prenant à son compte une part des abris, notamment pour mitrailleuses.

Le 17 décembre, reconnaissance de tous les cadres du génie sur toute la position : chacun sera ainsi mieux orienté et une répartition en sous-secteurs, aussitôt faite, permettra de préparer rapidement tous les chantiers simultanément (un officier d'artillerie, deux officiers mitrailleurs l'accompagnent, pour la convergence des efforts et assurer un bon système de feux).

Une couche épaisse de neige recouvre tout le pays, d'où embouteillage des autos sur la route. Zone entièrement dévastée par les Allemands lors de leur retraite de mars 1917 : partout, ce ne sont que ruines de murs, cimetières d'instruments agricoles, arbres fruitiers sciés et tombés comme ils avaient vécu, alignés; filatures dépouillées, sucreries anéanties, tombes violées; témoignage épouvantable et inoubliable de la barbarie germanique. Plus un village, plus une maison (1). Comme conséquence, rien à trouver sur le pays.

Les cantonnements sont des cases innommables ou des baraques en bois glaciales, sans couchettes, sans paille, dans l'ordure. Nos braves poilus s'en contentent pourtant, en ce quatrième hiver de guerre, sous la neige, dans des régions dévastées, hâtivement installées après l'évacuation allemande; et ils feront de bon cœur la deuxième position qu'on leur demande, au lieu d'améliorer leurs misérables cantonnements.

La neige, tombée en bourrasques, s'est amoncelée en dunes, empêchant la circulation des convois automobiles, les Anglais, encore responsables du secteur, n'ayant pas entretenu le passage, même sur route gardée. Aussi, le 18 décembre, la division, déjà partie au complet sur ses nouveaux chantiers, doit-elle être rappelée pour enlever la neige recouvrant par endroits les routes sur plus d'un mètre de hauteur. Mais, comme personne n'a reçu une mission précise pour cette opération et qu'aucun chef désigné n'en est responsable, les troupes partent insouciantes, à l'heure de la soupe, sans avoir terminé le déblaiement, et le passage demeure encore impossible le soir. Les camions, en panne depuis le 17, passent leur deuxième nuit bloqués dans la neige. Les Anglais n'ont toujours rien fait. Le général de division (général de Corn) et son état-major passent la nuit sans popote, ni cantines, ni couvertures, ni bureau.

Le 19 décembre, le commandant du génie divisionnaire est chargé de déblayer la route avec une compagnie du génie, un bataillon de chasseurs et deux compagnies d'infanterie : le commandement est dès

(1) Un officier d'état-major de la division campait sur les ruines mêmes de sa propriété.

lors organisé. Chaque homme reçoit aussitôt une tâche, deux pas à déblayer sur la route. Le travail, commencé à 7 heures, est rapidement enlevé et, à 9 h. 50, une auto anglaise veut passer la première. Mais les camions en panne emboutcillent complètement la route, remplis de soldats anglais qui, pour se réchauffer, ont fait la fête la moitié de la nuit et joué du phonographe; il faut d'abord les riper pour ouvrir la voie, et ce balancement les fait grogner à cette heure indue (10 heures du matin). Nos chasseurs, fantassins et sapeurs ont, eux aussi, connu une nuit agitée, mais d'autre façon : les avions allemands sont venus leur rendre visite, et il leur a fallu ensuite, pour arriver à 7 heures sur ce chantier, partir à 3 heures et, par conséquent, se lever à 2 heures. Pourtant, ce sont eux qui font tout le travail; d'Anglais, point, sauf pour utiliser la route au milieu du chantier; aussi se décide-t-on à mettre un bouchon des deux côtés pour pouvoir travailler en paix.

Tout le reste de la division est occupé pendant ce temps à l'organisation de la deuxième position, non sans à-coups au début, à cause des difficultés de transport. Le hasard nous fait donc rencontrer un deuxième cas soulignant l'importance des communications.

Les principes d'exécution du travail, proposés par le commandant du génie divisionnaire, approuvés par le général de division, sont fixés ainsi qu'il suit :

a) *Travaux entrepris immédiatement en profondeur, couvrant les observatoires :*

L'effort portant principalement sur les *abris* et les *mitrailleuses;*

Les réseaux exécutés autant que le permettent les transports;

Les terrassements (simple décapage) servant de régulateurs pour l'emploi des effectifs.

L'infanterie se place d'emblée sur plusieurs lignes : il faut les lui préparer.

Faire vite et pratique; renoncer à faire beau; la rapidité est une des formes de l'énergie : $f = 1/2\ mv^2$.

Préparer le chantier avant l'arrivée des troupes (piquetage, outillage, matériel).

b) *Stabilité assurée dans les chantiers :*

Secteur fixe affecté à chaque bataillon (terrassements, réseaux, abris, transports) et choisi le plus près possible de son cantonnement;

Equipes d'abris ayant mission de les achever;

Cadres du génie par tranches, pour piquetage, conseils techniques, matériel, tenue journalière des cartes, etc... ;

Troupe du génie : chargée de travaux séparés (abris distincts);

Chaque chantier a un chef et un seul, le chef habituel des travailleurs (non du génie, par conséquent, presque partout).

c) *Ordre d'urgence et tactique :*

Placer avant tout les *mitrailleuses*, échelonnées, en terrain libre, celles d'arrière appuyant d'écharpe celles d'avant, aux points les plus favorables pour leurs directions de tir d'enfilade; leur construire sans délai des abris en galerie (discrets);

Les couvrir par des *parallèles*, creusées seulement à $0^m,40$ de profondeur, $0^m,80$ de largeur, profil ne s'éboulant pas, profondeur suffisante pour permettre une occupation immédiate et un approfondissement rapide; une au moins des lignes en contre-pente (1);

(1) Une contre-pente non défilée de tous les observatoires terrestres n'est qu'un contrebas déplorable.

impossible, et par conséquent inutile, de camoufler les tranchées; décaper d'abord la parallèle principale et la parallèle de surveillance;

Les parallèles doivent couvrir les mitrailleuses à environ 30 mètres en avant, de manière qu'un tir réglé sur les unes ne soit pas dangereux pour les autres (écart probable moyen);

On peut camoufler les mitrailleuses, on ne peut pas camoufler toute une position;

N'établir les *boyaux*, au début, que dans les parties vues, les interrompre en contre-pente (même profil : $0^m,40 \times 0^m,80$); en prévoir la défense propre par flanquements;

Commencer l'exécution des parallèles par les *flanquements* (angles du tracé en crémaillère);

Faire d'abord un réseau de 5 mètres d'épaisseur (hauteur limitée à $0^m,80$, suffisante pour empêcher le franchissement), la partie avant d'une double bande de 10 mètres prévue, avec un intervalle de 20 mètres; ce tracé sera enfilé, sur la face avant, en feu rasant, par les mitrailleuses; il est donc en dents de scie, et indépendant des tranchées; y réserver des brèches pour les contre-attaques prévues *a priori* (piquets sans fils, régions battues par nos feux d'arrière);

Entreprendre sans délai, avec le maximum de moyens, les *abris*, ossature de la position et travail le plus long à mettre au point; y conserver autant d'hommes que le permettra l'arrivage, échelonné et organisé, du matériel. Installer dans ce but les scieries nécessaires pour débiter les bois (1);

(1) On ne disposait pas de tôles ondulées cintrées (dites tôles métro) qui, d'ailleurs, ne peuvent donner que des abris superficiels, plus rapides, mais moins résistants que ceux en galerie souterraine. Pas davantage de ciment pour faire du béton, abris en surface offrant l'avantage de permettre le tir de l'abri même, donc abri actif et non simplement passif.

Ne faire que des demi-galeries, suffisantes pour l'infanterie, et diminuant sensiblement le cube de terres à extraire et des bois à employer; camouflage préventif et constant des entrées et déblais.

Le nombre des chantiers d'abris était fixé par les règles suivantes :

Chaque compagnie d'infanterie fournira un chantier d'abri (1);

Chaque section de mitrailleuses fournira un chantier d'abri;

Chaque section de pionniers fournira quatre chantiers par régiment d'infanterie; deux par bataillon de chasseurs;

Chaque section du génie fournira un chantier d'abri. (Outre les auxiliaires nécessaires pour l'ensemble de la position, jalonnement des tranchées et réseaux et pose de pancartes, fabrication et fourniture du matériel, gestion des dépôts, prêt de quelques moniteurs au début, pistes et communications, etc.)

Cette organisaion permit d'entreprendre simultanément 80 abris en galerie à deux entrées, indépendamment de ceux amorcés par l'artillerie de la division.

Rien pour les P. C., à l'inverse de la coutume normale, car on n'avait aucune inquiétude à leur sujet, pour leur avenir.

La méthode d'implantation préconisée par le général inspecteur des travaux et organisations sur le front (général Roques) reposait avant tout sur le choix des observatoires :

Déterminer une série de points dominants, à vues étendues, et situés entre 5 et 10 kilomètres de la pre-

(1) Seize hommes à raison de huit par entrée, plus un ou deux sapeurs au début.

mière position; compléter au besoin cette ligne par quelques observatoires dérobés, à vues latérales, surveillant les parties basses qui peuvent échapper aux observatoires des crêtes;

Les couvrir nettement par les parallèles de résistance et de soutien, et établir à peu près à leur hauteur la parallèle des réduits.

Le général commandant le C. A. compléta ces indications en fixant les observatoires principaux : plateau de *Beauvois;*

Cote 108 (nord de *Germaine*);

Cote 109 (entre *Happencourt* et *Fluquières*);

Cote 89 (entre *Happencourt* et *Tugny-et-Pont*);

Cote 90 (sud de *Jussy*).

Le général commandant la 129e D. I. précisa la répartition des travaux :

Position intermédiaire : 106e B. C. P. (à *Attilly*), un bataillon du 359e R. I. (à *Etreillers*);

Deuxième position (sous les ordres du commandant du génie divisionnaire) : 121e B. C. P. (à *Marteville*), 120e B. C. P. (à *Villévêque*);

Deux bataillons du 359e R. I. (à *Vaux*, *Fluquières*, *Germaine*);

Un bataillon du 297e R. I. (à *Foreste*), un bataillon du 8e R. I. T. (à *Douchy*):

Un officier et trente cavaliers à pied du 9e hussards (compagnies du génie);

Travaux d'artillerie (sous les ordres du lieutenant-colonel commandant l'A. D. 129) :

Un bataillon du 297e R. I. (à *Lanchy*, *Ugny-l'Equipée*, unités de *Donvieux*), toute l'A. D.

Le commandant du génie divisionnaire compléta par quelques instructions de détail :

Travailler d'abord sur la parallèle principale, ensuite sur la parallèle de surveillance; en dernier lieu, sur la parallèle des réduits :

a) Sur chaque parallèle, *commencer par le réseau*, et affecter à ce travail le maximum de travailleurs.

Le réseau prévu comportera deux bandes de 10 mètres de largeur, séparées par un intervalle de 10 mètres.

Commencer le travail par *la bande de* 10 *mètres du côté de l'ennemi* (à environ 60 mètres de la tranchée). Ne pas entreprendre la deuxième bande tant que la première ne sera pas terminée de la Somme à l'Omignon.

Chicanes en Z tous les 200 *mètres* (largeur, 6 mètres), indiquées par des balises.

b) Parallèles décapées au profil : 40 centimètres de profondeur × 80 centimètres de largeur;

Terres rejetées en avant avec *appuis-coudes;*

Pare-éclats de trois mètres tous les 8 mètres d'intervalle (tous les 20 mètres sur la parallèle de surveillance);

Tracé de préférence en *crémaillère*, forme la plus simple, la plus efficace par son renouvellement des feux, et applicable à presque tous les terrains.

c) Interruption des tranchées et réseaux à 10 mètres de part et d'autre de toute route ou piste importante, pour permettre la circulation en dehors.

En outre, des recommandations étaient faites pour que les troupes prennent comme itinéraire d'aller et de retour le tracé des parallèles, pour éviter les dégâts dans les cultures; il eût été, en effet, décourageant pour les habitants de ces régions, déjà dévastées une fois, de constater la ruine de leurs efforts par les allées et venues nécessitées par les reconnaissances, les transports, les travaux, etc...

Les *tâches* étaient :

3 mc. 3 par homme et par jour dans les terrassements (travail en surface), soit, par atelier de trois hommes, 30 *mètres*, c'est-à-dire un intervalle et un parc-éclats sur la parallèle de surveillance, deux intervalles et un parc-éclats et demi sur les autres parallèles. Le chiffre fixé par le nouveau manuel du chef de section d'infanterie était de 4 mètres cubes (édition 1918, page 98).

20 mètres carrés par homme et par jour pour les réseaux (ronces débobinées, matériel à pied d'œuvre, fil de fer cloué sur les piquets, hauteur limitée à $0^{m},80$, suffisante pour empêcher d'enjamber); soit 200 mètres de longueur sur 10 mètres de largeur par compagnie.

Un intervalle par jour et par attaque pour les abris.

Malgré la neige, ces rendements furent atteints; la neige protégeait, en effet, le sol contre la gelée; ces tâches, qui peuvent paraître considérables aux chefs habitués à protéger leurs hommes contre le travail, et non par le travail, étaient même chaque jour réalisées très vite, car le soldat préfère manger la soupe à la hâte et faire un bon effort, s'il est sûr ensuite d'être libre deux ou trois heures plus tôt. Effectivement, le retour des travailleurs dès 14 heures attira même, à plusieurs reprises, au commandant du génie divisionnaire de sévères observations de la part des chefs non accoutumés à ces règles de travail; il fut facile de leur prouver sur place que les tâches prévues étaient achevées et que le rendement était triple de ceux habituels, tout en laissant beaucoup plus de liberté à chacun.

Dès lors, de tous côtés, du corps d'armée, de l'armée, du G. Q. G. même, on vint voir nos travaux, dont les cartes-navettes journalières indiquaient l'état d'avancement en se coloriant d'une manière réjouissante, et les compliments affluèrent de partout.

C'était comme si le général de division avait remporté une victoire. Le haut commandement voulut que les travailleurs fussent récompensés par la prime, récemment créée, de bon rendement. Le général de division s'y opposa, à juste titre à nos yeux; car il est toujours fort difficile de délimiter ceux qui la toucheront et ceux qui en seront frustrés : faut-il y comprendre les fabricants de matériel, les transporteurs de toutes armes, les cuisiniers, les dessinateurs et piqueteurs, etc... qui, tous, ont leur part de peine et de rendement? Faut-il tenir compte pour chacun des difficultés d'exécution, nature du sol, retard de matériel, distance des cantonnements, etc...? Fallait-il encore consacrer au mesurage tout un personnel, sur un front de 12 kilomètres et une profondeur de 4 kilomètres, zone où travaillait la division? Pour quelques contents, on risquait de faire beaucoup de mécontents. Tandis qu'un travail bien mené, un effort bien réglé, des résultats apparents, des satisfactions inattendues telles que des loisirs inaccoutumés, rehaussent le moral des troupes et leur procurent la plus saine des récompenses, les compliments de leurs chefs (1).

Le commandement envisageait, à ce moment, la construction des groupes de combat dans la fortification, nouvelle manière à la mode, accompagnée de longues galeries souterraines et de puits comme débouchés pour mitrailleuses. Nous réussîmes à écar-

(1) « Quant aux travaux que le soldat exécutera, ils ne seront pas salariés et ne peuvent pas l'être, c'est déshonorer le soldat, qui doit faire un travail de cette nature uniquement par honneur. (Napoléon à Berthier, 19 septembre 1806.)

Toutefois, une ration d'eau-de-vie donnée sur le terrain serait toujours la bienvenue.

ter cette conception. D'abord, l'exécution exige un effort hors de proportion avec les moyens, et si on le concentre sur quelques points, l'ensemble se trouve en retard. En outre, il y a lieu, semble-t-il, d'envisager d'une manière différente l'organisation du terrain au contact, ou loin de l'ennemi. Au contact, les groupes de combat s'incrustent dans le sol lorsqu'ils ne peuvent plus progresser; ils se trouvent de la sorte automatiquement tracés, et la fortification aura pour rôle de les relier et, comme son nom l'indique, de les « *renforcer* » sous toutes les formes. Loin de l'ennemi, au contraire, la fortification aura le libre choix des points forts du terrain, y installera les mitrailleuses, les couvrira par un tracé donnant de bons flanquements, — le meilleur et le plus simple reste le tracé en crémaillère, applicable à tous les terrains, — et c'est sur cet ensemble, utilisant au mieux les propriétés topographiques, que les groupes de combat viendront ensuite facilement se greffer.

Nos mitrailleuses furent ainsi placées en plein champ, masquées par un abri en galerie soigneusement camouflé, et les parallèles en étaient aussitôt décalées, les boyaux passant seuls à proximité, tout en les évitant; elles constituaient l'ossature de la position : l'infanterie arrête l'ennemi, non par ses poitrines ni par ses baïonnettes, mais par ses gerbes de projectiles efficaces.

Quant aux observatoires, les meilleurs sont ceux d'arrière.

P. C. placés près des boyaux d'adduction, P. S. près des boyaux d'évacuation.

La décentralisation des travaux et la répartition des missions permirent de progresser avec une surprenante rapidité, si bien que le génie arrivait avec peine à assurer, non seulement le matériel nécessaire, pour lequel les dispositions avaient pourtant été très largement prévues, mais même le jalonnement du tracé. Il fallait, en effet, centraliser la direction, pour que les travaux concordent; ils étaient donc placés sous les ordres du commandant du génie divisionnaire, qui, d'ailleurs, se bornait au jalonnement des tranchées, boyaux, abris, flanquements, le piquetage de détail (traverses, épaisseur des réseaux, etc...) restant confié aux exécutants. Il fallait néanmoins procurer chaque jour aux troupes 8 kilomètres de tracé de parallèles ou boyaux, 1.500 mètres de réseaux (boyaux et parallèles arrière n'étaient pas immédiatement protégés par des réseaux). L'ensemble de ces travaux devait donc être l'objet de prévisions conformes aux possibilités, non seulement dans l'arrivage du matériel, à répartir sur tout le front (fil de fer, piquets, bois d'abris, etc...), mais aussi dans l'étude du tracé. Le plan d'arrivée du matériel doit être également établi en concordance avec le plan d'emploi des effectifs, considérables pour toute une division au travail (1).

---

(1) Chiffres moyens des chantiers :

Tranchées et boyaux : 8 kilomètres à $0^m,40 \times 0^m,80 = 2.560$ mètres cubes : 780 travailleurs par jour à 3 mètres cubes;

Réseaux : 1.500 mètres carrés à 20 mètres carrés par homme : 75 travailleurs par jour à 3 mètres carrés;

80 abris à deux entrées (8 hommes à chacune) : $80 \times 16 = 1.280$ hommes;

Plus tout le personnel employé aux transports, à la fabrication du matériel, etc. On constate l'importance de l'effectif employé aux abris; il eût été au moins triplé en cas d'embrigadement pour travail continu jour et nuit.

Les effectifs moyens employés furent, par unité : 106e B. C. P., 374 hommes; 297e R. I., 1.080 hommes; cavalerie, 38 hommes; 120e B. C. P., 390 hommes; 359e R. I., 1.235 hommes; artillerie, 251 hommes; 121e B. C. P., 396 hommes; 8e R. I. T., 359 hommes; génie, 181 hommes.

Au total, environ 29.500 journées de travailleurs.

Grâce à la stabilité des missions, le 28 décembre, après neuf jours de travail (repos le jour de Noël), la division, déjà relevée, laissait derrière elle une position où les mitrailleuses, abris, etc... se répartissaient sur 600 mètres de profondeur; où trois parallèles étaient terminées ($0^{m},40$ de profondeur), la quatrième amorcée, trois grands boyaux creusés dans les parties vues, et 100 entrées d'abris à 3 châssis; où l'artillerie avait préparé batteries et observatoires très bien camouflés. Tous étaient satisfaits, chefs et exécutants, au point que ces derniers continuèrent à bien travailler la veille du départ, alors que la relève était déjà connue, ce qui n'est certes pas coutume (1). Le général commandant la VIe armée et le général commandant le 3e C. A. adressèrent des félicitations officielles à la division.

La relève des travaux s'opéra comme une relève en ligne, par succession, sans battement; après reconnaissance, passage des consignes, poursuite de la mission.

Avec quinze jours de plus, la position eût pu être considérée comme achevée, — quoiqu'une fortification ne soit jamais terminée, — les abris, cause principale de retard, pouvant être accélérés par embrigadement, sauf arrivage de matériel.

Cette position devait être enlevée trois mois plus tard (21 mars 1918) par l'ennemi, sans avoir été défendue une minute par les Anglais, par oubli d'y avoir établi des forces susceptibles de suspendre la retraite du bois d'Holnon. Pourtant, elle constituait bien un champ de bataille distinct; elle inscrivait admirable-

---

(1) En février 1918, la même division exécutait, en 5 jours, en Haute-Alsace : 17 kilomètres de tranchées décapées; 10 kilomètres de boyaux décapés; 1 kilomètre de réseaux (transports préparés pour la suite); 50 abris entrepris, dont 5 en béton.

ment le devoir sur le terrain. Mais chacun sait qu'une troupe bousculée — et aucune ne peut avoir la prétentention d'y échapper toujours — ne s'arrête jamais sur une position inoccupée; elle craint trop d'être débordée par infiltration, faute de temps pour établir ses liaisons et pour donner les ordres, faute de renseignements sur l'ennemi et d'appui d'artillerie, habituelle excuse de toutes les faiblesses. Cette loi se vérifia là une fois de plus, malgré tous les beaux fils de fer et les mitrailleuses invisibles, qui eussent dû causer à l'ennemi des pertes sérieuses et un retard important.

En résumé, le secret de la rapidité d'exécution fut :

1° *Un chef* : le commandant du génie de la division (1);

2° *Préparation du chantier* :

a) Reconnaissance d'ensemble de tous les officiers du génie sur toute la position, avec le commandant du génie et quelques officiers spécialistes des autres armes; d'où : liaisons assurées, appui en profondeur apparaissant à tous, flanquements lointains possibles;

Reconnaissance de détail des gradés du génie avec leurs officiers de compagnie, dans le secteur qu'encadrera cette compagnie.

b) Jalonnement (par le génie) simultané :

Des parallèles principales et de surveillance (parallèle principale, en principe masquée ou en contrepente);

Des réseaux, à enfiler par les mitrailleuses, d'abord établies;

(1) Et non pas chaque commandant de petit quartier, au nom d'une soi-disant responsabilité. Le commandant de quartier est responsable de l'exécution, le commandant de la division de l'organisation et de la préparation. Son agent pour les travaux est le commandant du génie divisionnaire.

Des abris principaux, P. C., P. S. et observatoires;

Des grands boyaux (dans les parties vues);

Jalonnement subordonné à l'appui des feux :

Par l'artilleur, qui étudie en même temps le soutien de cette position, à modifier selon ses besoins;

Par les mitrailleurs, dont les emplacements de mitrailleuses déterminent les directions des réseaux à enfiler;

La parallèle des réduits est à fixer, sans retard, pour donner rapidement de la profondeur.

c) Apport du matériel (par le génie) :

Outillage aux cantonnements;

Fil de fer et piquets à l'intersection des routes et des réseaux;

Bois d'abris aussi près que possible de ceux-ci.

d) Ordres du général de division (le commandant du génie présentant un plan de travail et indiquant l'aide qu'il peut donner) pour :

Orienter les régiments sur leur mission;

Fixer les tâches journalières (d'après l'arrivée du matériel);

Régler les chantiers des travailleurs (près des cantonnements);

Ne pas mesurer dans le détail le travail de l'infanterie, mais lui donner des missions.

3° *Exécution*. — Répartition du travail :

Honneur du résultat laissé aux exécutants travaillant sous les ordres de leurs chefs habituels;

Piquetage de détail fait par les unités d'infanterie;

Moniteurs du génie, au début des chantiers (trois jours) (1);

---

(1) « La troupe doit être rompue à l'exécution des travaux courants, tranchée et sape, galerie de mine, fascinages, réseau de fil

Chantiers fixes à chacun, jusqu'à leur achèvement (secteur en profondeur);

Préparation par le génie de la poursuite du travail;

Part technique spéciale réservée au génie (1);

Contrôle de l'avancement par les différents chefs;

Comptes rendus d'ensemble du commandant du génie;

Tâche considérée comme un *ordre*, et exclusive de *l'heure* (2);

Relève des travaux, faite comme une relève de troupes;

Le travail commence simultanément par :

Tous les flanquements des parallèles, creusées à $0^m,40 \times 0^m,80$ (la première forme d'une deuxième position est moins profonde que celle d'une première position, qui est de $1^m \times 1^m$);

Les réseaux, devant les parallèles principale et de surveillance;

Les boyaux, dans les parties vues (tranche la plus éloignée d'abord);

Tous les abris exécutables, selon le matériel et l'instruction du personnel;

L'étude de la position est indépendante de l'effectif qui l'occupera, essentiellement variable d'ailleurs. Seul, le chiffre des abris lui est lié, mais chacun sait que leur nombre est toujours insuffisant.

---

de fer, aménagements... Ici, comme dans le maniement d'armes, une brève indication du chef doit être suffisante pour déterminer l'exécution. » (Instruction sur l'organisation du terrain, paragraphe 141.)

(1) Donc, génie non affecté systématiquement à l'infanterie, mais travaillant pour elle.

(2) Si une équipe a terminé une tâche, elle doit donc être autorisée à quitter le chantier; si, au contraire, il reste du travail à faire, elle doit être maintenue, quelle que soit l'heure.

CHARLES-LAVAUZELLE ET Cie. — PARIS, LIMOGES, NANCY.

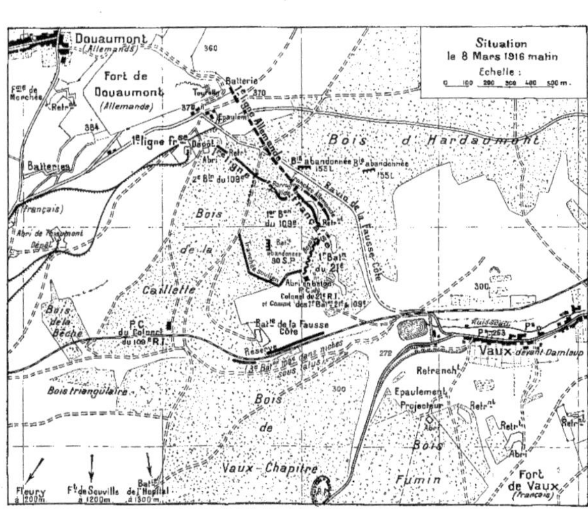

Situation
le 8 Mars 1916 matin
Echelle :
0 100 200 300 400 500 m.
Douaumont
(Allemands)
Fort de
Douaumont
(Allemands)
Fme de
Morchée
Retrnt
360
Batterie
Tourelle
370
378
Epaulemt
384
1e ligne Frse
Dépôt
Abri
Retrt
Batteries
2e Bn du 109e
1e ligne Allemande
1e ligne Française
Bois d' Hardaumont
Bie abandonnée
155 L
Bie abandonnée
155 L
Ravin de la Fausse Côte
(Français)
Abri de Thiaumont
Dépôt
Bois
1er Bon
du 109e
Retrnt
de la
Bat^ie
abandonnée
90 S.P.
1er Batn
du 21e
Caillette
Abri en béton
Colonel du 21e R.I.
et Command des 1er Bat 21e & 109e
300
Bois
de la
Bêche
P.C.
du Colonel
du 109e R.I.
Batie de la Fausse
Côte
Réserve
sous talus
272
P. 253
Vaux devant Damloup
Retrancht
Bois triangulaire
300
Bois
de
Epaulement
Projecteur
Retrnt
Abri
Retrt
Retrnt
Bois
Abri
Vaux-Chapitre
Fumin
Fort
de Vaux
(Français)
Fleury
à 1200m
Ft de Souville
à 1200m
Batie
de l'Hopital
à 1300m

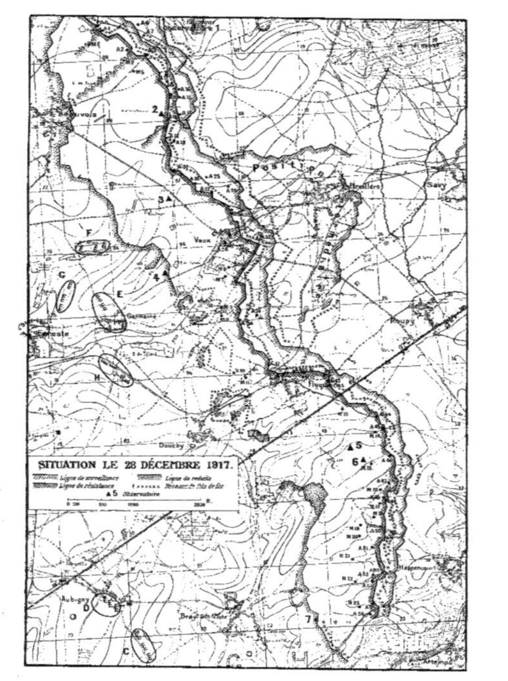
SITUATION LE 28 DÉCEMBRE 1917.
Ligne de surveillance
Ligne de résistance
Observatoire
Douchy
Vaux
Savy
Aubigny

www.ingramcontent.com/pod-product-compliance
Ingram Content Group UK Ltd.
Pitfield, Milton Keynes, MK11 3LW, UK
UKHW022149170726
13837UKWH00004B/1878

9 782329 201825